AF555757

BIBLIOTHÈQUE-LEDUC

A M. TH. DUBOIS
Membre de l'Institut
Directeur du Conservatoire National
de Musique.

QUATRE-VINGT-DIX

LEÇONS D'HARMONIE

BASSES ET CHANTS

D'EXAMEN ET DE CONCOURS

AVEC LEURS RÉALISATIONS

PAR

A. BARTHE

Professeur au Conservatoire National de Musique.

Ier VOLUME. — Basses et Chants donnés . . . . . . Prix net 6 fr.
IIe VOLUME. — Réalisations . . . . 12 fr.

ALPHONSE LEDUC, ÉDITEUR
3, rue de Grammont, Paris.

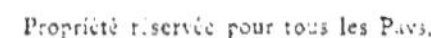

TABLE THÉMATIQUE

I — BASSES et CHANTS ALTERNÉS

II — BASSES DONNÉES

A. L. 9816-9817.

III — CHANTS DONNÉS

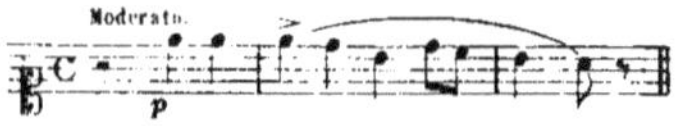

IV — CONCOURS MILITAIRES

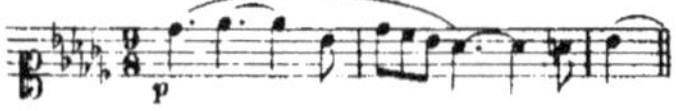

SUITE DES CONCOURS MILITAIRES

V— CONCOURS DU CONSERVATOIRE (HOMMES)

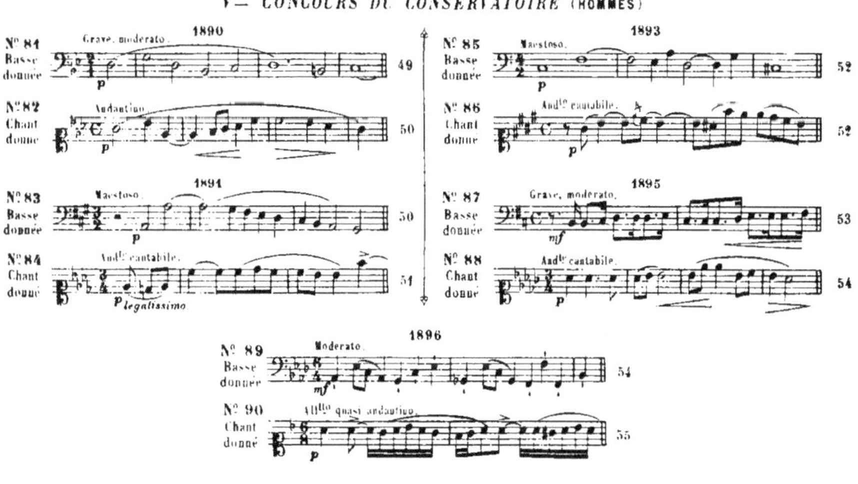

A. BARTHE. — 90 LEÇONS D'HARMONIE

BASSES ET CHANTS D'EXAMEN ET DE CONCOURS

I — BASSES ET CHANTS ALTERNÉS

Paris, ALPHONSE LEDUC, Editeur

A. L. 9846.

(Gravé chez Alphonse Leduc)

Moderato.
Nº 3
p
BASSE
mf
Poco più lento.
p CHANT
mf
p
p
p
38 mesures.
Moderato.
Nº 4
p
BASSE
mf
CHANT
p
mf
Rit.
p
19 mesures.
Andante moderato.
Nº 5
mf
BASSE
CHANT
p Dolce.

mf

p

pp 32 mesures.

Andante.

Nº 6

BASSE

p

mf

CHANT

mf *mf*

p

mf

p

20 mesures.

Moderato.

Nº 7

mf BASSE

f

Andante.

p

CHANT

mf

Rall.

p

39 mesures.

Molto moderato.
N° 8
BASSE
p
mf
Rall.
A tempo.
CHANT
p
mf
mf
Poco rit.
p
pp
33 mesures.
Grave.
mf
N° 9
BASSE
CHANT
p
Rit.
A tempo poco più lento.
mf
p
Slarg.
mf
26 mesures.

Moderato.
Nº 10
mf
BASSE
CHANT
p
f
p
Rit.
39 mesures.
Moderato.
Nº 11
mf
BASSE
CHANT
P Dolce.
mf
p
34 mesures.

Moderato.
Nº 12
p
BASSE
mf
mf
p
CHANT
p
mf
f
p
Rall.
34 mesures.
Moderato.
Nº 13
mf
BASSE
p
mf
p
Poco più lento.
CHANT
mf
1º tempo.
mf
p
34 mesures.

Moderato.

Nº 14

p BASSE

Cresc.

mf

CHANT

p

mf

Dim.

TÉNOR

p

BASSE

mf

f

47 mesures.

Moderato.

Nº 15

p

BASSE

p

mf

p

Poco più lento.

CHANT

p

mf

p

Cresc.

f

pp

p

Rall.

49 mesures.

Allegretto scherzando.
Nº 16
p
CHANT
mf
p
mf
BASSE
mf
Cresc.
f
CHANT
p
mf
p
mf
f
p
BASSE
p
mf
p
mf
f
CHANT
p
mf

Cresc.
f
p
79 mesures.
Largo.
mf
Nº 17
BASSE
Allegretto.
CHANT
p
Cre - scen - do.
mf
Rit.
p
Largo.
mf
BASSE
Allegretto.
CHANT
p
mf
p
Largo.
p
BASSE
mf
52 mesures.

Moderato.
Nº 18
p
BASSE
mf
CHANT
p
mf
p
f
f
p
mf
Largo.
f BASSE
33 mesures.
Andantino.
Nº 19
p
BASSE
mf
CHANT
p
mf
mf
mf

p
mf
BASSE
f
p
Cresc.
mf
f
Rall.
p
mf
f
48 mesures.
Moderato.
Nº 20
mf
BASSE
mf
Cresc.
f
p
CHANT
p
mf
f
p
Rall.
mf
34 mesures.

II — BASSES DONNÉES

Cantabile.
Cresc.
69 mesures.
Allegro moderato.
Nº 24
Cresc.
48 mesures.

Grave.
Nº 25
mf
p
f
mf
p
mf
Cresc.
mf
f
f
p
f
p
64 mesures.
Allegretto moderato.
Nº 26
p
mf
Dim.
p

mf
f
mf
f
p
p
52 mesures.
Andantino.
Nº 27
mf Cantabile.
p
mf
f
p
f
p
mf
p
42 mesures.

Andante. Grave.
Nº 28
mf
p
mf
p
mf
p
mf
f
p
pp
p
Rit.
A tempo.
mf
p
pp
38 mesures.

III — CHANTS DONNÉS

Andantino moderato.
Nº 31
p
mf
p
mf
p
mf
p
34 mesures.
Moderato.
Nº 32
p
mf
p
mf
p
mf
Rall.
A tempo.
p
mf
Rall.
p
41 mesures.

Moderato.

Nº 33

p

Rall. A tempo.

p

p

mf

p

p

mf

p

Rall.

pp

51 mesures.

Andantino.

Nº 34

p

mf

mf

p

mf

mf

p

mf

p

pp

41 mesures.

Allegretto grazioso.
Nº 35
p
mf
p Cantabile.
Poco rit.
29 mesures.
Allegretto quasi moderato.
Nº 36
mf
p

mf
p
f
mf
Rall.
p
pp 38 mesures.
Lento. (Mouvement de Sarabande)
Nº 37
p Dolce.
mf
p
mf
p
mf
p
p
mf
Rall.
p
p
38 mesures.

Molto moderato.
Nº 38
p
mf
p
Cre - scen - do.
f
Rit.
A tempo.
p
p
p
p
pp
44 mesures.
Andante moderato.
CHORAL
Nº 39
f
mf
mf

Rall.
Largo.
37 mesures.
Andantino.
Nº 40
Dolce.
Poco rit.
A tempo.
44 mesures.

Allegro moderato.
Nº 41
p
mf
p
mf
mf
p
f
p
f
f
p
f
p
mf
Rall.
p
50 mesures.
Andantino.
Nº 42
p
mf
p

p
mf
f
f
p
mf
p
36 mesures.
Allegretto grazioso.
Nº 43
p
mf
p
Poco slar _ gan _ do.
mf
Animato.
p
f
p
f
34 mesures.

Moderato.
Nº 44
p
mf
p
f
Cre - scen - do.
f
p
mf
f
p
p
Rall.
mf
p
41 mesures.
Andantino moderato.
Nº 45
p
Cre - scen - do. mf

Rit.
A tempo.
Più lento.
39 mesures.
Moderato.
Nº 46
Lento.
Cre - scen - do
39 mesures.

Andantino moderato.
Nº 47
p
mf
f
45 mesures.
Allegretto scherzando.
Nº 48
p
mf
Rit.
A tempo.
tr
f
45 mesures.

Andantino.

Nº 49

p pp p mf f p Cre - scen - do. mf p pp

32 mesures.

Lento, religioso.

Nº 50

p p mf mf mf Cresc. f Dim. pp mf p p f

Adagio

pp

60 mesures.

IV – CONCOURS MILITAIRES

CHEFS (Génie et Artillerie) 1890

p
f
mf
p
p
f
p
Cre - scen - do.
f
Dim.
p
40 mesures.
CHEFS (Infanterie) 1891
Moderato, grave.
Nº 53
BASSE DONNÉE
p
mf
A tempo.
p
mf
p
mf
f
31 mesures.

Andantino.
Nº 54
CHANT DONNÉ
p
mf
p
Cresc.
mf
Rit.
A tempo.
p
Cresc.
f
p
p
mf
f
p
p
mf
pp
35 mesures.
CHEFS (Génie et Artillerie) 1891
Moderato.
Nº 55
BASSE DONNÉE
mf
p
mf

f
p
mf
f
mf
p
35 mesures.
Nº 56
CHANT DONNÉ
Andante.
p
mf
p
Cre _ scen _ do.
mf
Dim.
p
mf
f
mf
Dim
p
33 mesures.

SOUS-CHEFS (Infanterie) 1892

CHEFS (Infanterie) 1892

CHEFS (Génie et Artillerie) 1892

CHEF (Garde Républicaine) 1893

Nº 63

Andante.

BASSE DONNÉE

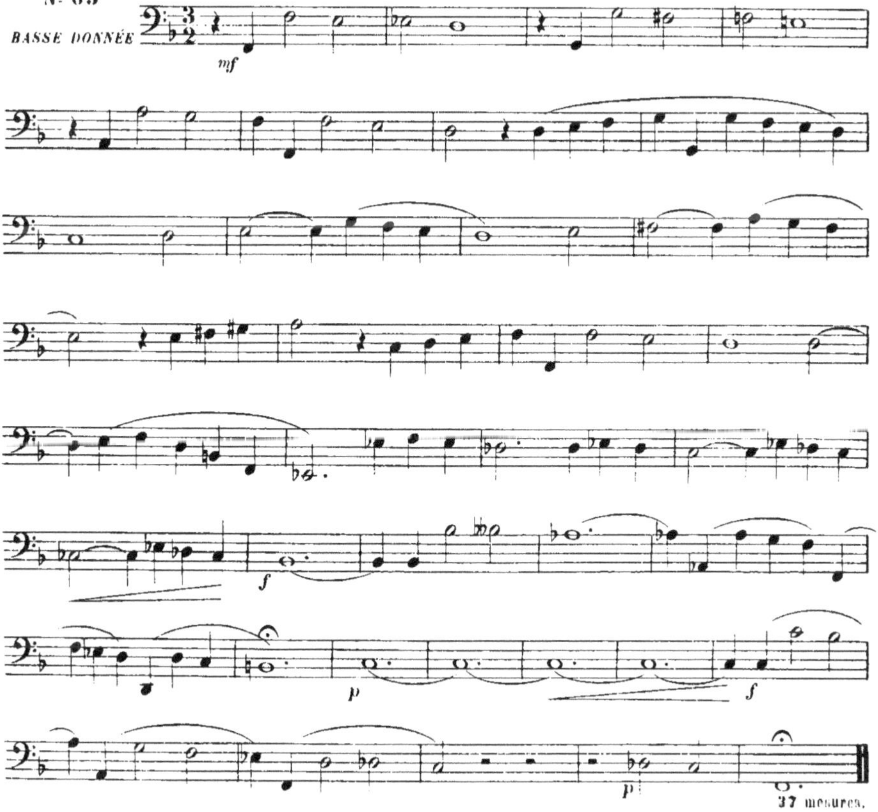

mf

f

p

f

p

37 mesures.

N° 64

CHANT DONNÉ

Andantino quasi allegretto.

CHEF (Equipages de la Flotte – Brest) 1893

N° 65

BASSE DONNÉE

Moderato.

Cresc.
mf
p
mf
f
36 mesures.
Nº 66
Andantino.
CHANT DONNÉ
p
p
mf
p
mf
mf
p
p
p
mf
mf
p
p
f
42 mesures.

CHEFS (Infanterie) 1894

Poco rit.
Cresc.
A tempo.
35 mesures.
SOUS-CHEFS (Infanterie) 1894
Lent, grave.
N° 69
BASSE CHIFFRÉE
Cresc.
26 mesures.

Moderato.
Nº 70
CHANT DONNÉ
p
mf
p
mf
mf
Poco rit.
A tempo.
p
mf
p
mf
p
31 mesures
Moderato.
Nº 71
BASSE DONNÉE
p
mf
p
mf

p
mf
p
mf
35 mesures.
Andantino.
Nº 72
CHANT DONNÉ
6
8
p
Legatissimo.
mf
p
mf
mf
mf
p
mf
Cresc.
f
Dim.
Grave.
4
2
mf
p
mf
41 mesures.

CHEFS (Génie et Artillerie — Versailles et Vincennes) 1894

Poco rit.
32 mesures.
CHEFS (Infanterie) 1896
Nº 75
BASSE DONNÉE
Moderato.
Rall.
46 mesures.

Nº 76

CHANT DONNÉ

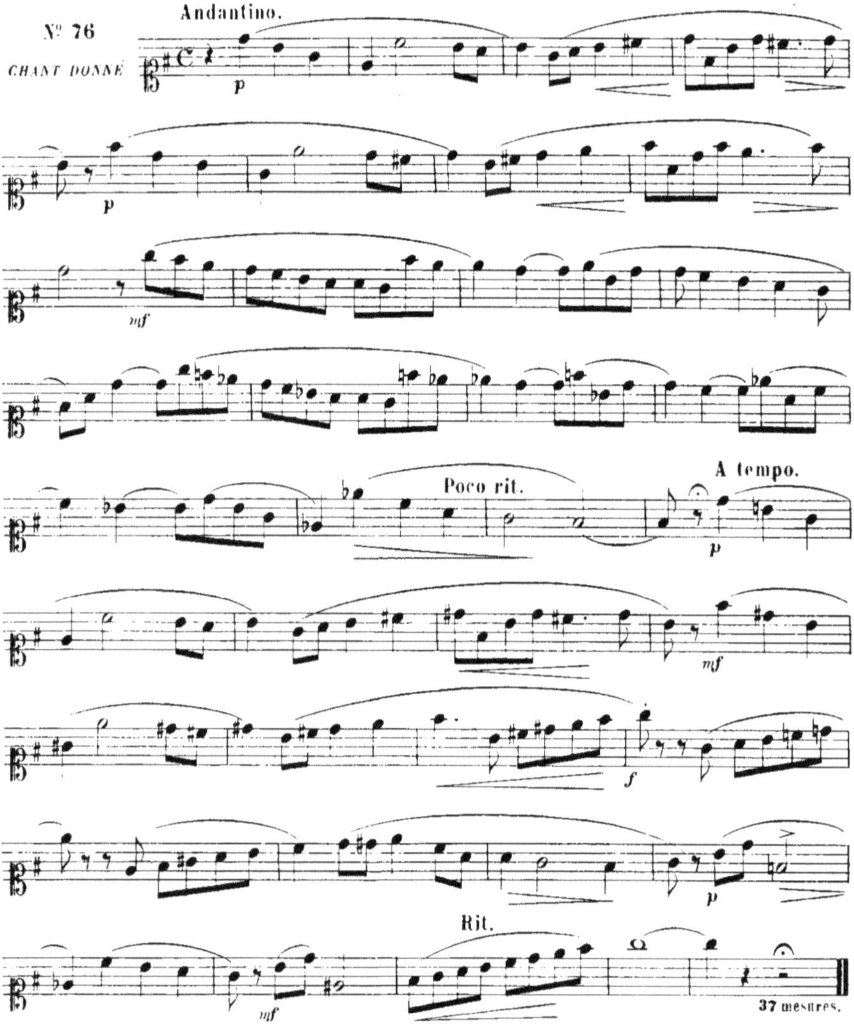
Andantino.
p
p
mf
Poco rit.
A tempo.
p
mf
f
p
Rit.
mf
37 mesures.

SOUS-CHEFS (Infanterie) 1896

Nº 77

BASSE CHIFFRÉE

Grave, modéré.
mf

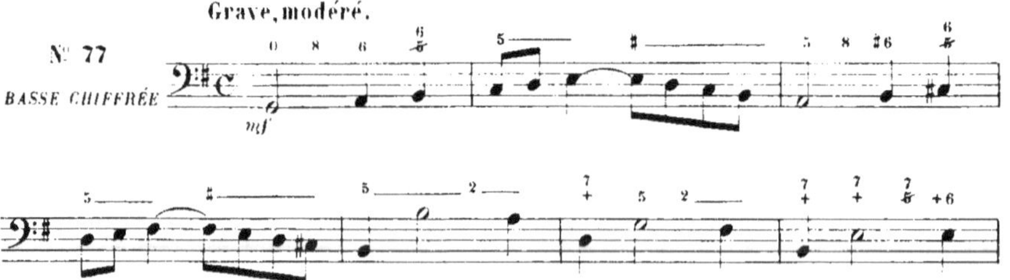

27 mesures.
Nº 78
CHANT DONNÉ
Andantino.
p
mf
Cre - scen - do.
Rall.
A tempo.
p
mf
f
mf
Poco rall.
p
32 mesures.

CHEFS (Génie et Artillerie) 1896

V — CONCOURS DU CONSERVATOIRE (HOMMES)

1890

N° 82
CHANT DONNÉ
Andantino.
p
mf
Cre - - scen - - do.
Dim.
Rit.
38 mesures.
1891
N° 83
BASSE DONNÉE
Maestoso.
p
mf
Cre - - scen - - do.

Rall.
35 mesures.
Nº 84
CHANT DONNÉ
Andante cantabile.
p Legatissimo.
mf
p
mf
mf
Rit.
A tempo.
pp
mf
pp
mf
p
Rit.
p
pp
49 mesures.

1893

N° 85
BASSE DONNÉE
Maestoso.
p
mf
f
Dim.
p
f
f
Poco rit.
p
pp
32 mesures.
N° 86
CHANT DONNÉ
Andante cantabile.
p
p
mf
p
mf

Rall.
A tempo, più largo.
pp
mf
f
p
p
mf
p
mf
30 mesures.
1895
N° 87
BASSE DONNÉE
Grave, moderato.
mf
Cresc.
f
mf
Cresc.
f
p
mf
Cresc.
ff
p
p
Animato.
mf
f
ff
33 mesures.

N° 88

CHANT DONNÉ

Andante cantabile.

N° 89

BASSE DONNÉE

Paris, Imp. A. Chaimbaud et Cie

www.ingramcontent.com/pod-product-compliance
Lightning Source LLC
LaVergne TN
LVHW010049230826
846091LV00005B/1900

* 9 7 8 2 3 2 9 3 6 8 7 1 9 *